Les oiseaux les plus chantants

Le bulbul noir

Type : oiseau moyen

Origine : Asie sud - chine

taille : 24-25 cm

Couleur du bec: rouge /orangé

couleur : noir /gris

Habitat: montagne

nourriture : grains +insectes

Bulbul chinois

Type : petit_oiseau

Origine centre -sud-chine

taille : 20-22 cm

Couleur du bec: noir

couleur : noir /gris+blanc

Habitat: champ-terre cultivée

nourriture : grains +insectes

Bulbul à joues blanches

Type : petit_oiseau

Origine inde -Himalaya

taille : 20 cm/29 à 38 g

Couleur du bec: noir

couleur : noir /gris+blanc

Habitat: espace urbaine –jardin rurale

nourriture : grains +insectes+ fruits

Bulbul à gorge jaune

Type : petit oiseau

Origine angola /congo/afrique

taille : 18 cm/21à 26g

Couleur du bec: noir

couleur : jaune +gris

Habitat: collines rocheuses

nourriture : grains +insectes+
fruits +baies

alouette des bois

Type : petit_oiseau

Origine afrique nord –
Europe

taille : 13 à15 cm

Couleur du bec: jaune

couleur : noir
/gris+blanc

Habitat: foret de pins-

nourriture : grains
+insectes+ fruits -
nectar

ortolan

Type **:** petit_oiseau

Origine afrique –
europe –sud

taille **:** 16 cm/19 à 27 g

Couleur du bec: noir

couleur : noir-marron

Habitat:region
rocheuse

nourriture : grains
+plantes

Bananaquit

Type: petit oiseau

Origine: amérique du sud

taille: 10-13 cm / 5,5 à 19 g

Couleur bec: noir

Couleur: gris + noir + jaune + blanc

Habitat: lisière de forêt

nourriture: nectar de fleurs

Oiseau tisserand

Type: petit oiseau

Origine: centre-afrique du sud

Hauteur: 17 cm / 26 à 45 g

Couleur bec: noir

Couleur: jaune + rouge + noir

Habitat: forêt

nourriture: graines - fleurs - petits insectes

merle

Type: oiseau moyen

Origine: Jamaïque- îles Cayman

Hauteur: 30 cm

Couleur bec: jauane

La couleur : noire

Habitat: rives du lac - région
aquatique

-
nourriture: petit fruit de lézard -
graines

canari

Type: petit oiseau

Origine

-
Hauteur: 12-14 cm

Couleur du bec: jaune

Couleur: jaune/ orangé

Habitat: oiseau domestique

nourriture: mélange rapide

cardinal

Type: oiseau moyen

Origine: ontario – quebec –Est USA

-

Hauteur: 21-24 cm / 43 g

Couleur du bec: rouge

Couleur: rouge + noir

Habitat: haies de bois-jardins

-

nourriture: graines-fruits-escargots

Mésange charbonnière

Type: petit oiseau

Origine: europe -asie

Hauteur: 14 cm / 16 à 25 g

Couleur bec: noir

Couleur: noir + blanc + jaune

Habitat: forêt / parc / jardin

nourriture: chenille / araignée

Chardonneret

Type: petit oiseau

Origine: afrique du nord + europe + asie

Hauteur: 14 cm / 14 à18 g

Couleur du bec: blanc crème

Couleur: marron + noir + rouge + jaune

Habitat: forêt riveraine -

Alimentation: graines – pins-plantes

Pinson vert

Type: petit oiseau

Origine: afrique du nord –europe-asie

Hauteur: 16 cm / 25 à34 g

Couleur du bec: blanc crème

Couleur: gris-noir

Habitat: parc / jardin

nourriture: graines / plantes

linotte

Type: petit oiseau

Origine: afrique du nord-europe-asie

-
Hauteur: 14 cm / 15 à 20 g

Couleur bec: noir

Couleur: gris-rouge-blanc

Habitat: steppe touffue

-
nourriture: graines / insectes

Rossignol

Type: petit oiseau

Origine: afrique – europe-asie

Hauteur: 17 cm / 18 à 27 g

Couleur du bec: jaune

Couleur: marron – gris

Habitat forestier déposé

nourriture: graines - insectes

pinson

Type: petit oiseau

Origine: afrique du nord asie –europe – amérique du nord

-
Hauteur: 14 à 16 cm / 17 à 30 g

Couleur du bec: blanc crème

Couleur: marron-noir

Habitat: environnement boisé

nourriture: graines- herbe

Canari à front jaune

Type: petit oiseau

Origine: asie –europe – amérique du nord

Hauteur: 15 à 17 cm / 19 à 27 g

Couleur du bec: jaune

Couleur: jaune-noir

Habitat: forêt

nourriture: graines-herbe

moineau

Type : petit oiseau

Origine : Afrique nord –
Europe-

taille : 14 à 19 cm/15 à 25
g

Couleur du bec: noir

couleur : noir +marron

Habitat: foret+ parc
+jardin

nourriture : grains
+plantes+insectes

Marteau jaune

Type : petit oiseau

Origine : Amérique nord — Europe-

taille : 13 à 15 cm/15 à 24 g

Couleur du bec: noir

couleur : noir +jaune

Habitat: foret+ champs

nourriture : grains +plantes

Les 5 oiseaux domestiques les plus populaires

L'oiseau chanteur domestique 1: Le canari

Type : petit oiseau

Origine : Afrique nord –
Europe-Asie

taille : 16 à 19 cm/19 à 27 g

Couleur du bec: jaune+ noir

couleur : noir +jaune

Habitat: foret+ jardin

**nourriture **: grains +plantes

l'oiseau chanteur domestique 2: le canari du Mozambique

Type : petit oiseau

Origine : Afrique –Amérique sud

taille : 13 à 15 cm/16 à 23 g

Couleur du bec: jaune+ noir

couleur : noir +jaune

Habitat: foret+ jardin

nourriture : grains +insectes

Type : petit oiseau

Origine : Afrique nord –Europe -
Asie

taille : 14 cm/14 à 18 g

Couleur du bec: blanc crème

couleur : marron +noir+rouge
+jaune

Habitat: foret+ champs

nourriture : grains +plantes

l'oiseau chanteur domestique 4: rossignol japonais

Type : petit oiseau

Origine :Afrique –Europe -
Asie

taille : 17 cm/18 à 27 g

Couleur du bec: jaune

couleur : marron -gris

Habitat: foret -champs

nourriture : grains insectes

l'oiseau chanteur domestique 5: l'oiseau diamant

Type : petit oiseau

Origine : Amérique sud
Europe-Asie

taille : 17 cm/19 à 26 g

Couleur du bec :jaune

couleur : violet –rouge-jaune-
vert

Habitat: foret-champs

nourriture :grains-insectes